Warum hassen uns die Völker?

Eine kriegspsychologische Betrachtung

von

Dr. Magnus Hirschfeld

6.—8. Tausend

A. Marcus & E. Webers Verlag (Dr. jur. Albert Ahn) in Bonn

Druck: Otto Wigand'sche Buchdruckerei G. m. b. H., Leipzig.

Heinrich v. Treitschke warf im deutsch-französischen Kriege von 1870/71 die Frage auf: Woher stammt der Haß des Auslandes wider den deutschen Staat? Warum haßt man uns, trotzdem wir die Angegriffenen sind, trotzdem Recht, Mäßigung und Menschlichkeit auf unserer Seite stehen?

Die Antwort suchte er als Geschichtsforscher auf historischem und politischem Gebiet. Heute stellen wir die gleiche Frage. Als Naturforscher von Beruf wollen wir sie aber weniger politisch als volkspsychologisch zu lösen versuchen.

Als im August dieses Jahres ein Land nach dem anderen uns mit Krieg bedrohte, waren viele deutsche Männer und namentlich Frauen nicht wenig erstaunt über den gewaltigen Deutschenhaß, der sich da vor ihren Augen enthüllte. Einen so hohen Grad von Feindseligkeit hatten sie nicht erwartet gegen ein Volk, von dem sie doch genau wußten, daß es den Frieden und die Arbeit liebte, Greuel und Grausamkeit verabscheute und seinerseits gegen die Völker der Erde nichts weniger als Haß verspürte.

Hatte es doch den Anschein gehabt, als ob sich gerade im Laufe der letzten Jahrzehnte die Völker trotz vieler Meinungsverschiedenheiten nicht nur äußerlich, sondern auch innerlich im Zeichen des Verkehrs näher und näher gekommen waren.

Vertreter fast aller Wissenschaften fanden sich in regem Gedankenaustausch auf internationalen Kongressen. Erst im

1*

vorigen Jahre wohnte ich selbst mit vielen hundert deutschen Ärzten dem medizinischen Weltkongreß in London bei, der sich 1916 in München wiederholen sollte.

Die sportlichen Wettkämpfe wurden von Jahr zu Jahr internationaler: englische Yachten waren in der Kieler Woche ebenso willkommen wie französische Rennpferde auf der Baden-Badener Bahn; drei deutsche Automobile gewannen noch im letzten Sommer den französischen „Grand prix", und im Berliner Stadion sollten in 2 Jahren die besten Sportsleute der ganzen Welt im olympischen Wettkampf ihre Kräfte messen. Fast jährlich fanden Weltausstellungen statt, auf denen sich die Völker der Erde berührten. Erst bei Beginn des Krieges wurden in Leipzig auf der „Bugra" und in Lyon auf der Städtebauausstellung die bis dahin viel besuchten Häuser der feindlichen Mächte geschlossen.

In ähnlicher Weise verbreiteten sich über immer mehr Länder viele Reformbestrebungen und Bewegungen, die auf Verbesserung menschlicher Lebensbedingungen hinzielten. Es sei — um nur einige wenige Beispiele anzuführen — an den Kampf gegen Alkoholismus und Tuberkulose, an die Bewegungen für eine Weltsprache, für Frauenstimmrecht, an die interparlamentarischen Konferenzen, die internationale Arbeiterbewegung und schließlich auch an die Friedenskongresse erinnert.

Auf zahllosen Erholungs-, Geschäfts- und Forschungsreisen wurden Deutsche und Österreicher mit Engländern, Russen und Franzosen durcheinandergewürfelt; annähernd eine halbe Million deutscher Reichsangehöriger befanden sich bei Beginn des Krieges in Feindesland.

In stetiger Steigerung entwickelten sich verwandtschaftliche und freundschaftliche Beziehungen zwischen den Angehörigen der jetzt gegeneinander so erbitterten Staaten. Mir ist ein Fall bekannt, in dem bei Maubeuge ein Deutscher in einem Engländer seinen eigenen Schwager gefangen nahm; ein anderer, in dem in Polen ein deutscher Militärarzt in einem schwer verwundeten russischen Offizier bei der Einlieferung seinen Vetter erkannte. Von einer älteren Dame vom Rhein wird berichtet, daß ihr ältester Sohn auf deutscher, ihr zweiter auf französischer, ihr dritter auf englischer Seite kämpft, jeder nach dem Lande seiner Einbürgerung und Eheschließung. Stammen doch auch die Frauen der drei nordeuropäischen Fürsten, die mit uns im Kriege liegen, aus Hessen, Württemberg und Bayern. Und ihre Gatten, die Herrscher von Rußland, England und Belgien, sind gleichfalls dem von ihrer Presse jetzt als Hunnen bezeichneten Volk entsprossen.

Unter den Oberbefehlshabern der gegen uns und Österreich kämpfenden russischen Armeen tragen außer Hindenburgs Gegner Rennenkampf noch vier weitere — die Generale Plehwe, Ewerth, Sievers und Salza (ein Nachkomme des Hochmeisters Hermann von Salza) — Namen deutschen Ursprungs. Das gleiche gilt von den beiden englischen Gesandten, die in Berlin und Wien bei Kriegsausbruch ihre Pässe forderten: Goschen und Bunsen.

Angesichts dieser starken europäischen Völkerdurchmischung war es vielen ein unfaßlicher Gedanke, daß die großen Kulturvölker der Erde noch einmal alle Bande, die sie verknüpften, zerreißen würden, um im blutigen Ringen auf Leben und Tod ihre Kräfte zu messen.

Und doch, wer offenen Auges im Auslande weilte, konnte sich keiner Täuschung darüber hingeben, daß die Stimmung der Völker im allgemeinen nicht auf unserer Seite war; weit verbreitet hatte eine hochgradige Abneigung gegen unser Vaterland Platz gegriffen. Selbst dort, wo der Deutsche Gold in Hülle und Fülle hinschleppte, selbst in Monaco und Ostende, war er nicht beliebt.

Mit Bangen sah mancher Auslandsdeutsche das Ungeheure sich langsam heranwälzen, wenn auch hoffend, es werde sich in letzter Stunde das Unbegreifliche immer wieder abwenden lassen.

Man suchte nach äußeren, zum Teil recht lächerlichen Gründen dieser Antipathie, und Deutsche selber stimmten dem nicht selten bei. Die Kleidung der Deutschen gefiele den Fremden nicht, sagte man; ein oft gar zu lauter, „schneidiger" Ton, unsere Art zu loben oder zu tadeln, unsere Schnurrbarttracht, ein gewisser Mangel an Formen, an Liebenswürdigkeit seien den Ausländern unsympathisch. Solche Geschmacksverschiedenheiten, abweichende Gewohnheiten, wie sie allen Nationen eigen zu sein pflegen — man denke nur an englische Manieren —, können wohl für Spott und Kritik, niemals aber für Völkerhaß und Völkerkrieg eine ausreichende Ursache abgeben.

Dies gilt auch, wenn man gemeint hat, die Deutschen erschienen den Romanen und Slaven zu nüchtern, zu langweilig, sie böten ihrer Phantasie zu wenig Stoff. Sollte dies zutreffen — es scheint mir wenig wahrscheinlich —, dann dürfte dieser Grund in Zukunft wohl fortfallen. Denn das Waffenschauspiel, das Deutschland seinen Gegnern jetzt auf und über dem Lande und auf und unter dem Wasser bietet, dürfte wohl dem verwöhntesten Sensationsbedürfnis Rechnung tragen.

Besonders ist es ja die ausländische Presse gewesen, die seit langem die giftige Saat ausstreute, deren bittere Früchte die Völker nun ernten. Die gelesensten Blätter der Welt standen in diesem Verleumdungsfeldzug obenan. „Matin" und „Figaro" in Paris gaben der „Daily Mail" und „Times" in London, die „Nowoje Wremja" in Petersburg dem „Messaggero" in Rom nichts nach, und die gelbe Presse in Nord- und Südamerika stieß in dasselbe Horn.

Ich lasse es dahingestellt, ob, wie behauptet wird, ein großer Teil dieser Zeitungen im Solde englisch-französischer Kapitalisten gearbeitet hat und arbeitet, ob England uns ganz planmäßig, in einem geschickt und groß angelegten Presse-Feldzug seit Jahren bekriegte: Tatsache ist jedenfalls, daß die Bewohner fast aller Länder der Welt — mit ganz geringen Ausnahmen — ihre Nachrichten seit Jahrzehnten fast nur von der Themse und Seine empfingen. Infolgedessen sahen sie Deutschland nicht mit eigenen, sondern mit englischen und französischen Augen an.

Es war überaus bezeichnend, daß das erste, was England, nachdem es Deutschland den Krieg erklärt hatte, tat, nicht, wie manche vorher sicher geglaubt hatten, die Beschießung unserer Flotte und Küste, sondern die Durchschneidung unserer überseeischen Kabel war. Vor allem wollte es sich das Nachrichten-Monopol sichern, da es nur zu genau wußte, wie gefährlich ihm die Wahrheit werden konnte.

Und hiermit komme ich zu dem ersten wichtigen psychischen Grunde des jetzt so ausgedehnten Deutschenhasses: der künstlichen Beeinflussung, der Suggestion. Es ist kein natürliches Volksempfinden, sondern ein künstlich angefachter und genährter Haß, dessen verheerende Flammen uns jetzt entgegenschlagen.

Wie spielt sich ein solcher suggestiver Vorgang ab, dessen Wirkung auf die Massenpsyche nicht hoch genug veranschlagt werden kann? Vorstellungen und Gedanken, die mündlich, schriftlich, vor allem aber gedruckt geäußert werden, rufen bei sehr vielen Menschen die gleiche Vorstellung und Überzeugung hervor ohne selbständiges Nach-denken, vielleicht sogar durch Mitschwingungen entsprechender Gehirnteile.

Unwillkürlich und unbewußt stehen wir mehr oder weniger alle in dem, was wir bei anderen und bei uns für gut oder schlecht, recht oder unrecht halten, im Banne und unter dem Einfluß von Suggestionen. Je eindrucksvoller eine Persönlichkeit, je berühmter ihr Name, je höher ihr Titel und Rang ist, je selbstbewußter sie auftritt, je eindringlicher sie spricht, um so größer, wirksamer und leider oft genug verhängnisvoller ist ihre suggestive Kraft. Nachurteile werden Vorurteile; und werden sie immer aufs neue und immer zuversichtlicher wiederholt, so stecken sie immer weitere Kreise an; jugendliche Personen wachsen mit ihnen auf, übertragen sie auf neue Individuen; selbst geistes- und willensstarke Naturen werden allmählich von ihnen ergriffen. So entstehen schließlich große psychische Epidemien, von denen mehr als eine zu grausamen Verfolgungen führte und die Welt mit Entsetzen erfüllt hat. Fielen doch allein dem Hexenwahn — der abergläubischen Meinung, die sich vielerorts bis in die Mitte des 18. Jahrhunderts als „öffentliche Meinung" erhielt, es gäbe Frauen, die mit dem Teufel im Bunde stehen — zufolge guter Schätzungen in Europa nach und nach mehrere Millionen Menschen zum Opfer.

Es ist ein Irrtum, wenn man geglaubt hat, daß dank unserer vielgepriesenen Aufklärung eine Wiederholung psychischer Epidemien gegenwärtig nicht mehr stattfinden könne. Was dem tiefer schürfenden Beobachter der menschlichen Seele — sowohl der Einzelseele als der Kollektivseele — nicht zweifelhaft war, was der Massen-Psychologe seit langem wußte, haben die letzten Monate jedermann kundgetan.

Auch heute können durch Suggestion und psychische Infektion Millionen von Personen dem Irrwahn anheimfallen: ein gutartiges Volk sei ein bösartiges, das ordnungsliebendste das zügelloseste, Deutsche seien „Vandalen“, „wilde Horden“, „reißende Tiere“, oder, wie eine amerikanische Zeitung sich auszudrücken beliebte, „die Apachen unter den Völkern“.

Bismarck hat einmal gesagt: „Reden sind keine Kompagnien und Worte keine Bataillone“. Er hat aber auch in einem mit Recht viel angeführten Satz die Presse als Großmacht bezeichnet, um auszudrücken, eine wie große Macht nicht nur dem Kugelblei, sondern auch dem Schriftblei innewohnt.

Wie man bei sonstigen Epidemien — Pest, Cholera und anderen — die ausgebreitete Seuche auf einige wenige Infektionsträger zurückführen kann, von denen sie ihren Ausgang genommen hat, so auch bei psychischen Epidemien. Auch hier sind es meist nur ganz wenige, ja oft nur eine einzige Person, die den Kern des Seuchenherdes bilden.

Neben dem Infektionsträger kommen aber die Infektionserreger, die eigentlichen Ansteckungskeime, in Betracht. Bei körperlichen Leiden werden sie Bazillen genannt. Die seelischen Bazillen sind seelischer Natur, es sind Gedanken, Stimmungen, Empfindungen, „Leidenschaften, die Leiden schaffen“.

Fassen wir den Deutschenhaß als eine geistige Epidemie auf — und wir haben allen Grund dazu —, so sind es vor allem drei Ansteckungskeime, die von den

Infektionsträgern weiter und weiter getragen wurden: Mißtrauen — heißt der eine, Mißgunst — der andere, Mißverstand — der dritte.

Es würde zu weit führen, wollte ich hier genau die einzelnen Seuchenherde untersuchen, von denen die feindseligen Strömungen gegen uns ausgegangen sind; zeitlich wären drei Perioden des Hasses zu unterscheiden: die Zeit vor dem Kriege, bei Beginn und während des Krieges.

Die Zeit vor dem Kriege ist dem Inkubationsstadium bei körperlichen Ansteckungen vergleichbar, in dem sich vor Ausbruch des Leidens die gefahrbringenden Keime einnisten, ohne noch zunächst Fieber oder sonst für jedermann deutlich wahrnehmbare Erscheinungen hervorzurufen.

Einer der gefährlichsten Seuchenträger in diesem Vorstadium war — wie männiglich bekannt — jener Einkreisungspolitiker auf dem englischen Throne, der seine kurze Regierungszeit benutzte, ein europäisches und außereuropäisches Land nach dem anderen vor seinen Wagen zu spannen, indem er ihm „einredete", d. i. suggerierte, es drohe ihm Unheil vom Deutschen Reiche, nebenbei gesagt, seines Vaters Vaterland.

Wenn uns jetzt Völker den Krieg erklären, die, wie Russen und Japaner, nur Gutes von uns erfahren haben, wenn aus fernsten Ländern wilde und halbwilde Völkerschaften gegen uns aufgerufen werden, die vom deutschen Wesen und von deutscher Art nicht die geringste Ahnung haben, zum Teil gewiß bisher Deutschland nicht einmal dem Namen nach kannten, so wenig wie den meisten unserer Soldaten die Namen der Sikhs, Gurkhas und Spahis bekannt waren, so haben wir das dem siebenten Eduard zu danken, der im Verein mit Joseph Chamberlain den Knoten schürzte, der, wenn der geeignete Augenblick gekommen, zugezogen werden und uns erwürgen sollte.

Diesen Augenblick hielten die seiner würdigen Testamentsvollstrecker Edward Grey und Winston Churchill am 4. August 1914 für gekommen.

Um uns zu vergegenwärtigen, von wie wenigen Personen die schwere Schicksalsfrage: Krieg oder Friede, am Ende abhängt, müssen wir uns vor Augen halten, daß in England die schließliche Entscheidung darüber in einer Ministersitzung gefällt wurde, nach welcher der vierte Teil der Minister, darunter zwei der hervorragendsten, John Morley und John Burns, ihre Ämter niederlegten, um sich — wie Ernst Haeckel schreibt — „nicht an der Blutschuld dieses wahnsinnigen Krieges" zu beteiligen.

Wie vorher und bei Ausbruch des Krieges, so bietet auch während des Krieges England dem Völkerpsychologen das bemerkenswerteste Schauspiel dar. Mit Recht entrüsten und entsetzen wir uns über das gegen uns gesponnene Lügengewebe, das England durch die Presse über die ganze Welt wirft. Wir übersehen aber dabei leicht, daß es sich hier von seinem Standpunkt aus um den ganz methodischen Gebrauch eines Kampfmittels handelt, das England irgendeiner anderen Waffe, etwa der Kriegslist, gleich erachtet. Es weiß ganz genau, daß wir ihm in der meisterlichen Handhabung dieser Dumdumgeschosse — denn viele dieser Fälschungen wirken wie Dumdumgeschosse — nicht gewachsen sind, nicht gewachsen sein können und wollen. Die Geradheit und Aufrichtigkeit des deutschen Charakters läßt es nicht zu.

Je unglaublicher eine solche Verleumdung klingt, um so eher wird sie in Zeitläuften, die so erregt sind wie diese, geglaubt; je grotesker sie lautet, um so wirksamer ist sie.

Nehmen wir als Beispiel einmal die vom Reuterschen Bureau namentlich in die südamerikanischen Zeitungen „lancierte" Nachricht, in Berlin seien kurz nach Eröffnung des Krieges 30 Brasilianer standrechtlich erschossen worden. Ich kenne zufällig einige Herren von der hiesigen brasilianischen Kolonie, die sich in Berlin ungemein wohl fühlen und nicht wenig lachten, als sie davon hörten. Der brasilianische Geschäftsträger widerrief alsbald die widersinnige Mitteilung, allein die Presse, die sie gebracht hatte, hütete sich wohl, von der Widerlegung Notiz zu nehmen. Offenbar verfolgte das Dumdumgeschoß dieser Falschmeldung unter anderem das Ziel, Brasiliens Mutterland, Portugal, gegen uns scharf zu machen. Daß es in dieser Hinsicht seine Wirkung nicht verfehlte, wissen wir.

Das anschaulichste Beispiel, was künstlich eingeflößte Angst zuwege bringen kann, bietet uns Belgien.

Das unkluge Verhalten dieses Landes bei Ausbruch des Krieges, das fanatische Vorgehen seiner Bewohner gegen deutsche Ansiedler, das Feuern der Bürger aus dem Hinterhalt auf deutsche Truppen, die wilde Flucht von neun Zehnteln der Bevölkerung aus Antwerpen, kurz bevor die Deutschen einrückten: alles das kann nur darin seine Erklärung finden, daß dem in seiner Bildung stets niedrig gehaltenen belgischen Volke der Deutsche in einem Lichte geschildert wurde, die sein Herz mit panischem Schrecken und blindwütiger Todesangst erfüllte. Von wem diese Schauermärchen ausgingen? ich brauche es wohl kaum zu sagen.

Es liegt im Wesen induzierter Affekte, daß sie sich im Gegensatz zu den auf eigener Anschauung beruhenden lawinenartig vergrößern, unberechenbare Ausdehnung annehmen können und die Seele in einen Zustand hochgradiger Erregung versetzen, die leicht die Wahrnehmung der Sinne trübt. Da werden verbundene Augen zu ausgestochenen, umwickelte Glieder zu abgehackten, schreiende Weiber zu geschändeten Weibern. Mit Recht schrieb eine Zeitung: man solle sich bei jedem Sensationsgerücht, wie sie seit Monaten so tausendfach von Mund zu Munde schwirren, fragen: wer weiß, ob es wahr ist, und wenn es wahr ist, ob es wirklich wahr ist.

Wie Angstzustände tatsächlich zu Sinnestäuschungen und Wahnideen führen, zeigte uns schon vor einigen Jahren England selbst, als es in seiner durch nichts Tatsächliches begründeten Furcht vor der deutschen Invasion Planeten für Aeroplane, am Himmel auftauchende Fixsterne für Zeppeline hielt. Es ist nachgewiesen, daß selbst fortgeflogene Kinderballons für deutsche Luftschiffe angesehen wurden.

Ähnlich verhielt es sich mit Englands Spionenfurcht. Bereits längere Zeit vor dem Kriege las man dort in einem nicht nur ernst gemeinten, sondern auch ernst genommenen Buche: „The Spies of the Kaiser"[1]), daß die 30 000 deutschen Kellner in englischen Gasthäusern eine vom deutschen Kaiser eingerichtete Spionen-Armee bildeten. Die neuerdings erfolgte Festsetzung vieler Tausend in England ansässiger Deutschen in den berüchtigten Konzentrationslagern ist ebenfalls eine Folgeerscheinung dieser immer noch zunehmenden Spionophobie.

---

[1]) The Spies of the Kaiser. Plotting the downfall of England. By William Le Queux, author of "The invasion of 1910". London: Hurst & Blackett. Paternoster House, E. C. 1909.

In der Verwechslung eines Sterns mit einer Flugzeuglampe tritt uns recht deutlich die im *Unbewußten* versteckte Empfindungswurzel oberbewußter Wahrnehmungen entgegen. Neben der *blinden* Furcht gibt es nämlich eine *scharf spähende*, übersichtige. Auch in ihr übertraf England — um seine Welt- und Seegeltung besorgt — alle unsere Feinde.

Ich möchte jedoch nicht, wenn ich bei dieser volkspsychologischen Betrachtung fast unwillkürlich immer wieder auf England zurückgreife, den Anschein erwecken, als ob ich den Haß der *anderen* Mächte gegen uns unterschätzte.

Auch *Frankreich* haßt uns heftig. Es haßte uns, weil die Wunden noch schmerzten, die wir ihm 1870/71 beigebracht haben. Aber diese Wunden waren im Verheilen; die zweite Generation und selbst viele Ältere fügten sich um des Friedens willen in das Unvermeidliche — bis England kam und, von Deutschenhaß erfüllt, tief den Stachel *in die alte Narbe bohrte*. Frankreich — davon ist jeder Einsichtige überzeugt — ist in diesen Krieg mit hineingezogen, weil es sich in eine Bündnispolitik *verstrickt* hatte, aus der es nun nicht mehr herauskonnte. Denn so sehr es uns grollte und sich grundlos vor uns bangte — seine Ruhe war ihm lieber als ein Krieg, den es, bei Licht besehen, doch nur für Englands Geschäftsinteressen führt.

Und *Rußland*? Warum haßt uns das russische Volk — soweit es uns nämlich wirklich haßt —? Weil ihm des Zaren Ukas den Haß befahl. Von *Fatalismus* und *Fanatismus* erfüllt, folgte das „rechtgläubige" Volk seinem Väterchen. Warum aber haßt uns Väterchen? Weil seine Umgebung ihm den Zusammenstoß mit Österreich und Deutschland als *Fatum* suggerierte, dem er nicht entrinnen könne. Und wie setzt sich diese Umgebung zusammen? Aus abergläubischen Mystikern wie

Rasputin, aus skrupellosen Großfürsten, aus Kreaturen in Englands Sold und aus Personen, die den in Rußland schon seit Peter dem Großen zahlreich vertretenen Deutschen, „Niemec" genannt, als dem Inbegriff des überlegenen Fremden von jeher feindlich gegenüberstanden.

Namentlich im russischen Kaufmanns- und höheren Beamtenstand war der deutsche Einfluß seit langem mächtig und deshalb gefürchtet und gehaßt. Die echt russischen Leute hassen den deutschen Kulturbringer, wie schlechte Schüler den Lehrer. Offensichtlich besteht aber zwischen dem russischen Zaren Nikolaus II. und seinem englischen Vetter Georg V. nicht nur körperlich, sondern auch in ihrer seelischen Verfassung eine weitgehende Ähnlichkeit: beides sind beherrschte Herrscher, Einflüsterungen leicht zugängliche, schwächliche Naturen.

Nichts ist im Völkerleben so verhängnisvoll wie der fatalistische Gedanke, daß es auf alle Fälle zu einer gewaltsamen Entladung kommen muß: wenn nicht heute, dann morgen. Dann schon lieber heute als morgen, denken viele, um der Unruhe und Spannung ein Ende zu bereiten.

Ist die Vorstellung des Unabwendbaren, Unabänderlichen ein fester Bestandteil der Psyche geworden, dann ist — ehe man es sich versieht — der explosive Funke da.

Und doch ist bei Völkern, die auf sehr gespanntem Fuße lebten, bereits oft ein allmähliches Nachlassen, eine langsame Lösung des Druckes eingetreten. Wie es zwischen den feindlichen Nachbarn und England 1898 nach Faschoda geschah, hätte es sehr wohl zwischen Rußland und Österreich 1914 nach Sarajewo kommen können.

Ein von Mißtrauen beseelter, in einem Maße wie Rußland mobilisierender Staat gleicht dem Besitzer einer

Pistole, der scharf auf seinen Nachbar paßt, dem er alles Böse zutraut, nur weil dieser auch eine gute Pistole hat. Der grundlos Mißtrauende nimmt seine Pistole zur Hand — der andere tut desgleichen; er lädt sie — der andere auch; er legt den Finger an den Hahn — der andere ebenso. „Legen Sie jetzt, bitte, den Revolver beiseite," sagt der andere. Der noch mehr Mißtrauende aber senkt den Finger tiefer — vielleicht noch unentschlossen abzudrücken; der andere aber, überzeugt, daß jetzt der Schuß erfolgt, schießt seinerseits. Das kommt davon, wenn sich jemand, wie Rußland, in die fixe Idee hineintreiben läßt, der andere sei von feindlich aggressiven Absichten erfüllt.

Fragen wir uns auf Ehre und Gewissen: haßte Deutschland, ehe es zu diesem Kriege kam, England, Frankreich und Rußland? War nicht eher das Gegenteil der Fall? Die übergroße Mehrzahl des deutschen Volkes hegte, vom Kaiser angefangen durch alle Gesellschaftsschichten hindurch, verwandtschaftliche Empfindungen für England, Gefühle der Sympathie für Frankreich und Mitleid für das russische Volk, während sich unsere Regierung der zarischen nur allzu gefällig erwies.

Mit offenen Armen empfingen wir Engländer, Franzosen, Russen und Japaner, wie alle anderen Nationen; hoch und niedrig freute sich mit den Ausländern und ließ sie gern an unseren Kulturgütern Anteil nehmen — von Erbitterung, Feindseligkeit, Fremdenhaß oder Neid keine Spur.

Wer aber will es uns verdenken, daß wir unser eigenes Haus, den Prachtbau des neuen deutschen Reiches, im Inneren gut einzurichten und nach außen gut zu schützen suchten? Das war nicht nur unser gutes Recht, sondern unsere Pflicht. Gewiß bleibt auch bei uns noch mancherlei zu wünschen übrig, und ist erst der Feuerbrand, der uns jetzt umlodert, gelöscht, werden wir sicherlich bemüht sein, das Haus, das wir bewohnen, noch besser und behaglicher zu gestalten. Den Vergleich mit den nachbarlichen Staatsgebäuden von Frankreich, England und Rußland hält Deutschland aber auch jetzt schon sehr zu seinem Vorteil aus.

Ein Staat verdachte und verargte uns unsere Entwicklung und Größe vor allen anderen: derselbe, der seit vier Jahrhunderten jedem Staate seine Weltwirtschaftsstellung verdachte, die sich der seinen näherte oder gar sie zu überflügeln schien. Stets war der jeweils mächtigste Staat auf dem Kontinent Englands Todfeind. Nach Spanien, das es mit Hilfe der Holländer im 16. Jahrhundert besiegte, nach Holland, das es mit Unterstützung der Franzosen im 17., und nach Frankreich, das es mit uns im Bunde vor 100 Jahren bezwang, war jetzt die Reihe an das junge Deutsche Reich gekommen. Dieses aber wird die Feuerprobe bestehen und England die Wahrheit des guten deutschen Sprichworts lehren: „Wer anderen eine Grube gräbt, fällt selbst hinein." Mißgunst, nichts sonst, ist dieses Krieges Wurzel. Alles andere ist Täuschung, teils bewußter Trug, teils unbewußte Selbsttäuschung. Es ist nämlich keineswegs gesagt, daß diejenigen, welche für den Krieg die äußere Verantwortung tragen, sich über die sie selbst bewegenden Triebkräfte im Klaren sind. Denn mehr noch als anderswo gilt in der Kriegspsychologie das bedeutungsvolle Wort der Franzosen: penser c'est sentir, Gedanken entstehen aus Gefühlen, Urteile aus Vorurteilen. Man haßt uns nicht, weil man Gründe hat, sondern weil man uns haßt, hat man Gründe.

Weil wir im Zustand der Notwehr durch Belgien marschieren mußten, nachdem wir ihm — wie Luxemburg — Schadlosigkeit zugesichert hatten, glaubt England uns den

Krieg erklären zu müssen, das nach dem Grundsatz „Macht geht vor Recht" sich den vierten Teil der Weltbevölkerung unterworfen hat; spielt England sich entrüstet als Sittenrichter und Tugendwächter auf, das sich überall in der Welt sogenannte „Stütz- und Interessenpunkte" verschaffte und sich noch in unseren Tagen die besten Teile Nord- und Südafrikas zu eigen machte, um sie den bereits vorher gewonnenen Riesenreichen in Amerika, Asien und Australien beizufügen.

Man muß schon reichlich leichtgläubig und geschichtsunkundig sein, wollte man in dem vorgebrachten den wirklichen Kriegsgrund erblicken. Nein, je mehr man sich in die psychologischen Zusammenhänge vertieft, um so deutlicher erkennt man: nicht um unserer Schwächen willen haßte man uns, sondern wegen unserer Stärke; viel mehr als seine Fehler machten seine Tugenden den Deutschen unbeliebt; nicht was an uns zu tadeln, sondern was an uns zu loben war: unsere Leistungen und Erfolge waren den Gegnern ein Dorn im Auge.

Weil Deutschland zu groß geworden ist, will England es klein machen. Darum läßt es jetzt nach seiner altbewährten Methode andere Völker, Frankreich und Rußland voran, für sich Krieg führen. Darum blutet jetzt Deutschlands Blüte, und erleiden seine Söhne den Opfertod in Schlachten, wie sie so groß und grausam nie zuvor die Welt gesehen.

Es erhebt sich hier die Frage, ob der unlustbetonte Affekt, das Unbehagen, welches unser Volk dem englischen bereitet hat, ein objektiv gerechtfertigter Gefühlskomplex ist.

Der frühere Kriegs- und jetzige Justizminister Großbritanniens, Viscount Haldane, ein guter Kenner englischen und deutschen Schrifttums — er hat in Göttingen studiert und

Schopenhauers „Die Welt als Wille und Vorstellung" in seine Muttersprache übersetzt — bemerkt einmal[1]: „Der Engländer handelt nach einer Vorstellung, der Deutsche begriffsgemäß." Das trifft auch im vorliegenden Falle zu. Als die englische Regierung Deutschland „einzukreisen" für nötig befand, handelte sie ebenfalls nach subjektiven Vorstellungen, ohne deutlichen Begriff des angefeindeten Objekts.

Es ist ja richtig, daß, während früher ausschließlich Engländer bei großen fremdländischen Ausschreibungen von Maschinen, Schiffen, elektrischen und sonstigen Anlagen in Betracht kamen, von Jahr zu Jahr immer häufiger die Lieferungen dem „damned German" zufielen, der mit vorteilhafteren Angeboten am Platze erschienen war. Es trifft zu, daß mit deutschem Unternehmungsgeist und deutschem Kapital in den letzten Jahren außereuropäische Kulturwerke geschaffen wurden, wie in Asien die Bagdadbahn und Schantungbahn, an die sich früher nur England heranwagte.

Es muß auch zugegeben werden, daß, während der deutsche Außenhandel vor 25 Jahren nur halb so groß wie der englische war und wenig mehr als der französische betrug, er gegenwärtig bereits 85 Prozent des englischen Außenhandels ausmacht und den französischen um weit mehr als die Hälfte überholt hat. Ist es doch schon vorgekommen, daß englische Gesellschaften und Behörden selbst große Aufträge — wie Lokomotiven, Waggons, Handelsschiffe — an deutsche Firmen vergaben. Als die darüber höchst empörten Zuschriften an den „Editor" (Herausgeber) der „Times" und „Daily Mail" sich allzusehr häuften, erklärte man zwar, die in Frage kommenden englischen Unter-

[1]) Haldane, Deutschland und Großbritannien. Eine Studie über nationale Eigentümlichkeiten. Festrede, gehalten am 3. August 1911 zur Eröffnung der Sommer-Ferienkurse an der Universität Oxford, S. 4.

2*

nehmungen wären zu sehr mit Arbeit überlastet gewesen; der wirkliche Grund aber war meist die bessere, billigere, schnellere und zuverlässigere Herstellung der deutschen Fabrikate.

Aber allen diesen für England nicht gerade erfreulichen Tatsachen stand doch auf der anderen Seite die Beobachtung gegenüber, daß auch Englands Welthandel nicht nur nicht zurückging, sondern ständig zunahm. In der Zeit, wo der deutsche Außenhandel sich um das Dreifache steigerte, vermehrte sich der englische um das Doppelte.

Mit Recht konnte einer der größten Sachkenner, der berühmte Nationalökonom Adolf Wagner in seinem Vortrag „Gegen England" [1]) sagen: „Ja, gewiß, die wirtschaftliche Monopolstellung Englands in Industrie und Handel ist durch uns Deutsche, wenn auch durchaus nicht allein durch uns, gebrochen. Großbritannien ist aber noch immer die erste Stellung geblieben und würde ihm unter Fortdauer des Weltfriedens auch wohl noch in Zukunft verblieben sein".

Zudem hat sich Deutschland in diesem friedlichen Wettbewerb nie unlauterer Mittel bedient und war selbst der bei weitem beste Kunde Englands auf dem Kontinent. Während Deutschland an England im Jahre 1912 für 74 Millionen Pfund Sterling Waren lieferte, empfing es in derselben Zeit solche aus England für 98 Millionen Pfund Sterling. Je reicher Deutschland wurde, um so mehr bezog es.

Vor allem aber ist zu betonen, daß auf dem Weltmarkt bei der ständigen Erweiterung der Absatzgebiete sehr wohl zwei Kulturnationen nebeneinander schaffen und wirken können, ohne einander im Wege zu sein. Für den Abnehmer, die

[1]) A. Wagner, „Gegen England", Berlin 1914, S. 39.

Verbesserung der Güter und damit den Fortschritt der Zivilisation ist ein solcher Wettstreit nur vorteilhaft.

Genau so gut wie der Bremer Lloyd neben der Hamburger Paketfahrt besteht, wie ein großes Warenhaus neben einem anderen erfolgreich arbeiten kann, wie auf allen Gebieten mit der Zeit ähnlich geartete Gründungen nicht zu umgehen sind — genau so gut hätte auch das jung aufstrebende Deutschland neben dem schon ein wenig altmodisch gewordenen England in Frieden gedeihen können. Der jüngere hätte von dem älteren, der ältere von dem jüngeren gelernt und dem Ganzen wäre wohl gedient gewesen. Der Konkurrenzkampf hätte nicht zum Existenzkampf ausarten brauchen.

Aber dicht neben der Furcht wohnt ein anderer, nicht minder schmerzhafter Affekt: die Scheel- und Eifersucht, und diese fand allerdings reichlich Nahrung in dem riesenhaften Aufschwung, den Deutschland im letzten Vierteljahrhundert genommen hat — einem Aufstieg, wie er auf einen so kurzen Zeitraum zusammengedrängt in der Völkergeschichte kaum seinesgleichen hat.

Ich will dies durch einige Zahlen erhärten, die ich der Arbeit Dr. Karl Helfferichs, des Direktors der Deutschen Bank entnehme, welche er zum 25jährigen Regierungsjubiläum Kaiser Wilhelms II. im vorigen Jahre erscheinen ließ [1]).

Danach beträgt das deutsche Volksvermögen gegenwärtig über 330 Milliarden Mark gegen 200 Milliarden im Jahre 1895. Wir haben damit sowohl das französische Volksvermögen, das jetzt etwa 240 Milliarden Mark beträgt, wie das englische in Höhe von ca. 260 Milliarden recht beträchtlich überholt. Allerdings nur

[1]) Karl Helfferich, Deutschlands Volkswohlstand 1888—1913. Berlin. Verlag von Georg Stilke. 1913.

als Gesamtsumme, nicht auf den Kopf der Bevölkerung berechnet, die ja in Deutschland um fast 30 Millionen Menschen stärker ist als in Frankreich und England.

Das durchschnittliche Vermögen pro Kopf der Bevölkerung beläuft sich zurzeit in Deutschland auf etwa 4900, in Frankreich auf etwa 5900, in England auf etwa 5800 Mark.

Bereits seit einer Reihe von Jahren nimmt das Volksvermögen jährlich bei uns um die Riesensumme von 10 Milliarden Mark zu. Noch vor 15 Jahren mehrte es sich um knapp die Hälfte.

Das deutsche Volkseinkommen beträgt heute rund 40 Milliarden jährlich, wovon 25 Milliarden dem privaten Verbrauch dienen, während 7 Milliarden für öffentliche Zwecke verwandt werden und 10 Milliarden dem Volksvermögen zuwachsen.

Dem entspricht es, daß die Gesamtumsätze der Reichsbank innerhalb der letzten 25 Jahre von 79 auf 414 Milliarden Mark jährlich gewachsen sind, die der Deutschen Bank von 18 auf 132 Milliarden. Während die Post aus Porto- und Telegraphengebühren 1887 gegen 190 Millionen Mark vereinnahmte, stiegen diese Einnahmen 1911 auf rund 784 Millionen.

Mit der beispiellosen Hebung des Volkswohlstandes — in keinem anderen Lande der Welt sieht man so wenig arme, zerlumpte Gestalten wie bei uns — hängt es zusammen, daß, während noch in dem Jahrzehnt 1881—1890 aus Deutschland 1 342 000 auswanderten, die Zahl der Auswanderer im Jahrzehnt von 1901—1910 auf 220 000 Personen zusammenschrumpfte. Seit der Mitte der neunziger Jahre ist sogar die Einwanderung bei uns stärker geworden als die Auswanderung. Was noch vor 25 Jahren kaum glaublich schien: Deutschland ist aus einem Auswanderungsland ein Einwanderungsland geworden; das besagt, daß der Bedarf an Arbeitskräften noch mehr zugenommen hat als die sich gewiß recht stattlich vermehrende Volkszahl.

Ist doch seit der Reichsgründung die Reichsbevölkerung um weit mehr als ein Drittel, von 41 Millionen auf 69 Millionen gestiegen, während sie sich in demselben Zeitraum in Frankreich nahezu gleich blieb. Die Menge der Särge übertraf in unserem Nachbarlande schon in Friedensjahren innerhalb eines Jahres wiederholt die Zahl der Wiegen. Bei uns dagegen beträgt seit langem der jährliche Überschuß der Geburten über die Sterbefälle gegen 800 000 Köpfe. Der seit zwei Jahrzehnten auch in Deutschland in nicht unerheblichem Grade einsetzende Rückgang der Geburten wurde bisher durch den gleichzeitigen Rückgang der Todesfälle, den wir den gebesserten Gesundheitsverhältnissen verdanken, wett gemacht. Jedenfalls hat einen gleich hohen Bevölkerungszuwachs mit Ausnahme von Rußland kein anderer Staat in Europa aufzuweisen.

Ließen wir nur kalte Zahlen, nicht Gedanken und Gefühle reden, so könnte man sagen, daß, was uns dieser gewaltige Vernichtungskampf an Menschenleben und Mitteln kostet, für Deutschland schwerlich mehr als einen Jahresausfall betragen dürfte, daß also das Deutsche Reich, wenn es — was ein gütiges Geschick verhüten möge — hunderttausende von Menschen samt 40 Milliarden Mark im Kriege dahingeben müßte, doch nur so viel einbüßt, als es während eines einzigen der letzten Jahre an Personen zugenommen und an Einnahmen gewonnen hatte. Enthält diese Erwägung auch keinen Trost, so birgt sie doch eine Hoffnung für unser Vaterland.

In wie hohem Grade unser Welthandel im Vergleich zu dem Englands und Frankreichs gestiegen ist, habe ich bereits kurz berührt. Hier seien noch einige wenige beredte Ziffern angefügt:

Während sich der Außenhandel in den 25 Jahren von 1887—1912 in England um 113 Prozent und in Frankreich um 98 Prozent hob, stieg er in den Vereinigten Staaten um 173 Prozent und in Deutschland um 214,7 Prozent. Ganz besonders tritt der Unterschied zugunsten Deutschlands in einzelnen Zweigen unserer industriellen Entwicklung zutage. So wuchs die Roheisengewinnung in Deutschland um 387 Prozent, während sie in dem gleichen Zeitraum in England nur um 30 Prozent zunahm. In der Stahlerzeugung betrug die Zunahme in England 154 Prozent, in Deutschland 1335 Prozent. Umfaßte 1886 die deutsche Stahlproduktion weniger als die Hälfte der englischen, so machte sie 1911 bedeutend mehr als das Doppelte aus.

An der Spitze unserer Ausfuhrwaren stehen heute die Maschinen mit einem Ausfuhrwert von 630 Millionen Mark gegen 52 Millionen Mark im Jahre 1887. Bei weitem alle Länder überragt Deutschland in der so vielgestaltigen chemischen Industrie, die in ganz ungeahnter Weise aus früher kaum beachteten Abfällen kostbare Stoffe hervorzaubert: wie allein aus der Steinkohle wertvolle Farbstoffe, Heilstoffe, Sprengstoffe, Riechstoffe und Düngemittel, aus der Rübe den Zucker, aus der Tonerde das für den Bau von Luftschiffen und Flugzeugen fast unentbehrliche Aluminium.

Ebenso übertrifft Deutschland alle anderen Staaten im Elektrizitätsgewerbe, und neuerdings bahnt sich unter den Verbrennungsmotoren der deutsche Dieselmotor seinen Weltweg, wie ihn sich vor einigen Jahrzehnten Werner von Siemens mit der von ihm erfundenen Dynamomaschine bahnte.

Diese Erfindung, von der ab die Einbürgerung des elektrischen Stroms als Betriebskraft und Lichtquelle datiert, war eine Kulturtat ersten Ranges.

Es ist kein Zufall, daß das Grundgesetz der modernen Naturwissenschaft und Technik, das Gesetz von der Erhaltung der Kraft, in Deutschland entdeckt wurde. Der schwäbische Arzt Robert Mayer in Heilbronn fand es, Hermann Helmholtz in Berlin brachte es zur Anerkennung und sein Freund Siemens übertrug es in die Praxis.

Nach dem Gesetz von der Erhaltung der Kraft setzt sich auch das Wissen des deutschen Gelehrten in das Können des deutschen Arbeiters, beides aber in wirtschaftliche Leistungsfähigkeit um. In Friedenszeiten erkannten unsere Feinde an, daß kein Volk der Erde eine geistig so hochstehende Arbeiterschaft besitzt wie das deutsche.

Noch viele andere Beispiele deutschen Gewerbefleißes — wie die auf höchster Leistungsstufe stehende optische Industrie Deutschlands — könnte ich anführen, fürchte aber, mich zu weit vom Grundthema zu entfernen. Nur das eine sei bemerkt, daß die Ferngläser, mit denen uns englische Offiziere bespähen, die Pfeile, die französische Flieger über uns schütten, die Kriegsapotheke, die den russischen Soldaten wieder kampffähig macht, deutsche Waren sind (über deren Verwendung man natürlich zur Zeit des Verkaufs nicht unterrichtet war), ebenso wie die Panzerplatten, mit denen sich unsere Feinde schützen, und die unterseeischen Kabel, durch die sie die Welt über uns täuschen, aus deutschen Werken stammen.

Besonders schmerzlich war es den Engländern, als sie nicht nur auf dem Lande, sondern auch auf dem Meere, von dem sie annahmen, es sei eigentlich nur für sie geschaffen, das Dasein

Deutschlands zu spüren begannen. Rief doch schon Schiller im Gedicht „Jahrhundertwende“ aus:

„Seine Handelsflotten streckt der Brite
Gierig wie Polypenarme aus.
Und das Reich der freien Amphitrite
Will er schließen, wie sein eignes Haus.“

Kurz nach 1900 entrissen wir den Engländern zum ersten Male das „blaue Band“, welches demjenigen Schiffe zuerkannt wird, das am schnellsten den Atlantischen Ozean kreuzt. Zwar eroberten sie es sich nach einiger Zeit zurück, doch haben wir sie jetzt wieder hinsichtlich der Schiffsgröße und Ausstattung mit unseren schwimmenden Palästen „Imperator“ und „Vaterland“ überflügelt. Einen recht stattlichen Teil des Weltverkehrs in der Personen-, Güter- und Nachrichtenbeförderung hat England nach und nach an deutsche Schiffahrtsgesellschaften abtreten müssen.

Vollends aus dem Häuschen geriet aber Albion, als wir, entsprechend unserem Anteil am Weltverkehr und den uns von England drohenden Beschränkungen und Gefahren, den Entschluß faßten, der Handelsflotte eine nicht minder stattliche Kriegsflotte zur Seite zu stellen. Diese Schutz- und Vorsichtsmaßregel reichte allein schon aus, uns vor aller Welt als Störenfriede und Friedensstörer hinzustellen. Wie sehr sie aber berechtigt war, haben die letzten Monate genugsam erwiesen.

Noch auf vielen anderen Gebieten machte sich den Engländern die deutsche Nebenbuhlerschaft fühlbar. Noch vor einem Menschenalter war der Weltreisende, „Globetrotter“ genannt, ein fast ausschließlich englisches Gewächs. Es war fast spaßhaft, zu beobachten, wie seit mehreren Jahrzehnten die reisenden Engländer den ihnen folgenden Deutschen auswichen, die ihnen immer wieder getreulich nachsetzten. Als die Deutschen nach der Schweiz zu reisen begannen, schlugen die Engländer ihre Zelte an der Riviera auf. Als diese auch das Reiseziel der Deutschen wurde, wandten sich die Engländer nach Süditalien. Es währte nicht lange, so erschienen auch hier Erholung suchende Deutsche auf der Bildfläche. Da zogen sich die „ladies and gentlemen" mit Ball und Schläger nach Nordafrika, vornehmlich nach Ägypten zurück. Aber schon nach einigen Jahren tauchte auch am Rande der Wüste und an den Ufern des Nils der deutsche Vetter auf. Nun ging es nach Ceylon, Indien und Japan, bis man sich schließlich mit einem Stoßseufzer eingestehen mußte, daß es nun auf der Welt dem Engländer nirgends mehr möglich sei, seinem Schicksal in Gestalt des Deutschen zu entgehen.

Und noch ein anderes kam hinzu. Suchte der Engländer auf seinen vielen Reisen ein erstklassiges Hotel auf, gleichviel ob in Rom oder Kairo, Paris oder Sevilla oder auch im eigenen Vaterland, er konnte sicher sein, daß, wenn der Name des Hotels auch noch so englisch klang: Savoy, Bristol, Westminster, Carlton, Cecil oder Piccadilly, vom Hoteldirektor bis zum Zimmerkellner ihn fast nur Deutsche empfingen. In Nizza allein beschlagnahmte die französische Regierung bei Kriegsausbruch 15 große Hotels, deren Eigentümer Deutsche waren. Selbst der wegen seiner Sterne als Reiseführer unentbehrliche Bädeker war deutscher Herkunft. Man fühlte sich zwar sehr wohl dabei, aber das war es ja gerade, was wurmte. Hätte man äußerlich mehr Anlaß zum Tadel gehabt, hätte man innerlich weniger Ärgernis genommen.

Auch in Kunst und Wissenschaft gönnten wir den anderen Völkern zu wenig von dem aus Mitleid und Schadenfreude entspringenden Lustgefühl. Das meiste, was in der Musik von

Bach bis Wagner hoch und edel war, kam aus der Heimat der „teutonischen Barbaren"; die größten Philosophen des 19. Jahrhunderts von Kant bis Nietzsche gehörten dem Volk „germanischer Hunnen" an. Aus dem Lande „deutscher Horden" stammten die meisten Nobelpreisträger. Naturforscher vom wissenschaftlichen Range und der praktischen Bedeutung eines Robert Koch und Conrad Röntgen, den Schöpfern der Bakteriologie und Röntgenologie, hatten in den letzten 30 Jahren weder Frankreich noch England aufzuweisen, womit aber keineswegs gesagt sein soll, daß nicht auch diese beiden Kulturländer hochbedeutende Geister ihr eigen nannten, die niemand neidloser anerkannte als Deutschland.

Dabei mag jedoch bemerkt werden, daß die mehr induktiv eindringende Methode der deutschen Wissenschaft vielen ausländischen Gelehrten, welche mehr deduktiv ableitende Schlüsse zogen, nie so recht sympathisch war. Man schalt auf die verletzende Kritik der deutschen „faultfinders", die in Wirklichkeit doch nur skeptisch abwägende Gewissenhaftigkeit war.

Die anderen Kulturvölker blickten von oben auf Deutschland herab, was sie freilich nicht hinderte, auf Schritt und Tritt seinem Beispiel zu folgen. Unser Fachschulwesen sah man als vorbildlich an. In der Volksversicherung und Wohlfahrtspflege diente „the german system" allen anderen Nationen als Muster; unsere hygienischen, industriellen und kommunalen Einrichtungen, und nicht zum mindesten unsere vielgeschmähte Heerespflicht, Heeresleitung und Heeresorganisation, die man „Militarismus" nannte, erschienen mehr oder weniger dem ganzen Ausland nachahmenswert.

Allerdings hatte diese Nachahmung ihre Schwierigkeiten. Zunächst entspricht es dem Gesetz der Trägheit, daß in liebgewordenen Gewohnheiten, um nicht zu sagen, in altem Schlendrian dahinlebende Kulturvölker sich instinktiv abwehrend und ablehnend verhalten, wenn sie, um auf der Höhe zu bleiben, erprobte Einrichtungen eines jugendlich aufstrebenden Staatswesens in sich aufnehmen sollen. Es ist unangenehm, sich von jüngeren belehren zu lassen, und unbequem, zu lernen. Da versucht man zuvor das Neuartige und Fremdartige zu zerstören, ehe man sich mit ihm abfindet, mit ihm abfinden muß.

Wir haben niemandem die beiden Schlüssel zu unseren Erfolgen vorenthalten: Wissenschaftssinn und Ordnungssinn, die überall, wenn auch nicht allen passen.

Sie sind es auch, die neben allen persönlichen Tugenden Deutschland in diesem Volks- und Völkerkrieg zum Siege führen werden. Ist doch aus dem, was man einst Kriegshandwerk nannte, nach und nach ein technisches Kunstwerk, ein wissenschaftliches Problem von größter Kompliziertheit geworden.

Sicherlich sind die Stärke unseres deutschen Volkes, die todesmutige Tapferkeit, Begeisterung und Siegeszuversicht, mit der es diesen Krieg auf sich genommen hat, seine großartige Geschlossenheit und Entschlossenheit höchster Bewunderung wert, aber alle diese herrlichen Eigenschaften würden in einem so gigantischen Kampfe, wie es dieser ist, wenig vermögen, wenn nicht noch ein weiteres hinzugekommen wäre: die deutsche Wissenschaft.

Das optische Instrument (Periskop), das dem Kommandanten des Unterseeboots ermöglicht, unter der Wasseroberfläche zu übersehen, was über ihr vorgeht, ist in der Studierstube eines Physikers ausgeklügelt, der auf das genaueste die Gesetze der Lichtstrahlung und -brechung beherrscht; die Kruppschen 42 cm-Geschütze sind von einem Gelehrten, Professor Dr. Fritz Rausenberger konstruiert, und Zeppelin ist nicht ohne Grund Dr. Ingenieur.

Ganz ähnlich verhält es sich mit anderen Werkzeugen unserer Überlegenheit. Dem Kriegsheer, das jetzt draußen in Ost, West, Nord und Süd in allen vier Elementen — Erde, Wasser, Luft und Feuer — so tapfer ringt, steht würdig und ebenbürtig daheim ein Friedensheer von Forschern, Technikern und Arbeitern zur Seite. Beide aber verdanken die hohe Blüte, zu der sie sich in Deutschland entfaltet haben, einem gemeinsamen Grundzug des deutschen Wesens, dem unseren Volke innewohnenden Ordnungssinn, der gerade in den Jahrzehnten, seit das Deutsche Reich die langersehnte Einigkeit seiner Stämme erreicht hat, in beispielloser Weise gepflegt worden ist.

Dieser Ordnungssinn, den man auch als ordnenden Sinn bezeichnen könnte, treibt den Naturforscher zum methodischen Sammeln und Sichten seiner Funde; dieser Sinn bewirkt die Selbsteinordnung der Deutschen in zahllose Vereine und Verbände, die zielstrebig allen möglichen Aufgaben dienen; dieser Ordnungssinn bedingt die unser Verkehrswesen auszeichnende Pünktlichkeit, die Sauberkeit unserer Straßen und Häuser ebenso wie die Präzision und Zuverlässigkeit unserer modernen Industrie.

Disposition und Disziplin sind seine Voraussetzungen; seine Vorbedingungen: Arbeitsteilung und Arbeitsvereinigung, Zerlegung des Werks in seine einzelnen Stücke und Zusammenfassung aller zu einheitlichem Zweck.

Als bei dem Aufmarsch und Ausmarsch unserer Truppen im August 1914 sich die ruhende Kraft unseres gewaltigen Volksheeres in lebendige umsetzte, da spürten wir — um mit Goethe zu reden:

„Wie alles sich zum Ganzen webt,
Eins in dem andern wirkt und lebt."

Da ging aus der Heeresorganisation der Heeresorganismus hervor, in dem jeder Mensch und jedes Ding genau an seinem Platze vorausbestimmt in Tätigkeit trat, wie die Räder eines Riesenuhrwerks, das man durch einen Fingerdruck in Bewegung setzt.

Nur scheinbar muten Ordnung und Freiheit uns zunächst als Gegensätze an. In Wirklichkeit können wir uns viel freier entfalten, wenn die Dinge um uns nicht beliebig ihren Gang gehen — gleichgültig, ob jetzt oder später, ob an dieser oder jener Stelle —, sondern wenn wir uns von vornherein so auf sie verlassen können, daß wir bei unseren Entschließungen und Unternehmungen fest auf sie zählen und mit ihnen rechnen können.

Schließen sich Ordnung und Freiheit nicht aus, so schließen Ordnung und Frieden einander ein. Der große Vernichter und Verneiner Krieg stürzt alle Ordnung um. Wer die Ordnung liebt, liebt auch den Frieden.

Der nicht in die Tiefe der Erscheinungen dringende Beobachter verwechselt leicht Ordnung und Zwang. Und sicherlich beruht ein großer Teil der Abneigung, die sich Deutschland fast in der ganzen Welt zugezogen hat, auf diesem Mißverstehen deutschen Wesens und deutscher Ordnung, in der man irrtümlicherweise ein Zwangssystem erblickt hat.

Gewiß kann auch die Ordnung übertrieben werden; die Peinlichkeit kann zur Kleinlichkeit ausarten; sicherlich hat sie, wie alles, auch ihre Schattenseiten; machen diese sich in einem zu weit gehenden Bureaukratismus und Schematismus, in Pedanterie geltend, so klagen wir selbst über sie —, alles in allem überwiegt jedoch in ihr bei weitem das Nutzbringende und Angenehme.

Anfangs freilich erscheint die Ordnung manchem als etwas Drückendes und Lästiges, aber nach kurzer Zeit wirkt das geordnete Leben wie ein harmonischer Akkord, bis man es schließlich als fast unentbehrlich schätzen und lieben lernt. Jeder Deutsche, der nach einer längeren Auslandsreise den Boden der Heimat wieder betrat, dürfte diese Wahrnehmung an sich gemacht haben.

Mit dem tiefschürfenden Bemühen, Klarheit und Ordnung zu schaffen, hängt es weiter zusammen, daß wir mehr als andere Völker das theoretisch für richtig Erkannte auch in die praktische Wirklichkeit zu übertragen suchen. Deshalb hat kein Land so viele starke Reformatoren hervorgebracht wie das deutsche, keines freilich aber auch so wenig gewiegte und gewandte Diplomaten vom Schlage eines Talleyrand, der die Meinung vertrat, die Sprache sei dazu da, die Gedanken zu verbergen, oder eines Grey, der zu glauben scheint, die Druckerschwärze sei erfunden, die Wahrheit zuzudecken.

Von anderem, nämlich echt deutschem Schrot und Korn, war Bismarck, der in der Diplomatie ein größeres Maß von Wahrhaftigkeit einzuführen suchte. Wenn man ihm nicht glaubte, daß er nicht log, so war das nicht sein, sondern der alten Schule Verschulden, nach der ein Diplomat vor allem ein höflicher Höfling, ein Weltmann sein sollte, am liebsten ein geschmeidiger Franzose, etwa wie Riccaut de la Marlinière in Lessings „Minna von Barnhelm“, der in bezug auf die Unverblümtheit der deutschen Ausdrucksweise die bekannten Worte sagt: „Was ist die deutsche Sprak für eine arm' Sprak, für eine plump' Sprak!"

Gerade das offene, ehrliche, oft etwas rauhe, derbe Reden und Benehmen des Deutschen trug viel dazu bei, ihn unbeliebt zu machen, namentlich bei den eleganteren Franzosen und den Engländern, hinter deren beherrschter Zugeknöpftheit und steifleinener Smokingkultur in Wirklichkeit mehr Zwang steckt als unter unserem scheinbaren Übermaß von Bestimmungen.

Mag die äußere Freiheit auch in ihrem Lande größer scheinen, die innere Freiheit ist bei uns bedeutender. Denn Wahrheit und Freiheit gehören eng zusammen. Wer lügt, ist nicht frei. Nur wo dem freien Wort und der freien Forschung die Wege geebnet sind, kann die Wahrheit im Bunde mit der Wissenschaft gedeihen und sich durchsetzen.

Daß dies bei uns in höherem Maße als anderswo der Fall ist, steht außer Frage. Ich könnte hier manches aus eigener Erfahrung berichten, will mich aber nur auf die Erwähnung der Tatsache beschränken, daß hervorragende englische Gelehrte, welche auf demselben Forschungsgebiet arbeiten, wie ich selbst, ein Havelock Ellis und Carpenter, sich gezwungen sahen, ihre Werke zuerst in Amerika oder Deutschland herauszugeben.

Die Geistesfreiheit und Gewissensfreiheit ist in dem Lande, in dem Lessing seinen Nathan, Goethe seinen Faust und Nietzsche seinen Zarathustra schrieb, größer als bei den Briten, die von den drei größten Dichtern, die sie im letzten Jahrhundert besaßen, Lord Byron landesflüchtig machten, Shelley die Erziehung seiner Kinder untersagten und Oskar Wilde in die Tretmühle schickten.

Es läßt sich nicht leugnen, daß englische Heuchelei und Hypokrisie und deutsche Offenheit und Gründlichkeit schwer überbrückbare Gegensätze der Volksseele darstellen. Ebenso verträgt sich auch der im Deutschtum materialisierte kategorische Pflicht-Imperativ Kants nicht sonderlich mit dem blitzenden „Esprit" und der beweglichen „Charme" der Franzosen.

Schon Joh. Gottl. Fichte hat sich in seinen „Reden an die deutsche Nation" mit diesen Unterschieden zwischen vaterländischer und ausländischer Art und Sitte befaßt. Für die Geringschätzung, mit der bereits in und vor seiner Zeit die Völker uns gegenüberstanden, gibt er in der fünften Rede eine Erklärung, die viel für sich hat. Der Deutsche — meint er — hätte sich, als Rom seine Weltherrschaft immer weiter ausdehnte, viel ursprünglicher und lateinischen Einflüssen unzugänglicher gehalten als die Provinzen Gallien und Britannien, das heutige Frankreich und England. Hier hätten die römische Sprache und Bildung, römische Sitte und römisches Recht viel schneller und tiefer Wurzel geschlagen als auf germanischem Boden. Trotzdem sich der Germane spröder und unabhängiger verhielt, erkannte er aber doch auch seinerseits das Römische, Romanische, Romantische — alle diese Ausdrücke gebrauchte er gleichbedeutend — als das Vornehmere an und sträubte sich nicht sonderlich dagegen, wenn man in ihm den Barbaren — das Wort Barbar (von barba = Bart hergeleitet) bezeichnete ja ursprünglich nichts anderes als bärtig, unrasiert —, den unkultivierteren Menschen sah.

Fichte führt die noch heute fortwirkende Ausländerei des Deutschen, sowohl seine Vorliebe für das Französische und Englische im eigenen Lande als das rasche Aufgeben der Deutschheit im fremden Lande, auf diese angezüchtete

Wertschätzung und Überschätzung der römisch-romantischen Zivilisation zurück.

Diese sich nicht selten bis zur Nachäffung steigernde Verehrung ließ auch nicht nach, als der Deutsche sich längst die lateinisch-griechische Bildung zu eigen gemacht und eine *selbständige Kultur* zu hoher Blüte entwickelt hatte. Wir brauchen ja nur daran zu erinnern, wie selbst ein *Friedrich der Große*, Zeitgenosse Lessings und Goethes, die französische Sprache, Kultur und Diplomatie der deutschen voranstellte. In den langen Jahrhunderten deutscher Schwäche und Zerrissenheit konnten vollends ein deutsches Selbstbewußtsein und Nationalbewußtsein nicht in die Höhe kommen.

Als dann aber *nach der Reichsgründung* das geeinte junge Deutschland mächtig erstarkte und immer mehr Bedeutung in der Welt gewann, sahen die erstaunten alten europäischen Nachbarvölker diesen Umschwung und Aufschwung nicht gleichgültig, sondern *affektbetont* an. Es gibt nun aber nur positive und negative, lust- oder unlustbetonte Affekte; lustbetonte werden als Zuneigung, Sympathie, Liebe, unlustbetonte als Abneigung, Antipathie, Haß empfunden.

Lieben konnten die Völker den *Emporkömmling* nicht, das ging über ihre Kraft, darum haßten sie ihn.

Anders lag der Fall bei Deutschland. Da wir gut vorangekommen waren, besser und rascher als alle anderen Völker, standen wir naturgemäß den übrigen europäischen Staatswesen als solchen bis zum Kriege *nicht gefühlsbetont*, sondern *indifferent* gegenüber; wir kamen erst aus der Ruhe, als man uns nicht in Ruhe ließ. Freilich ging der jetzigen *Feuer*probe eine lange *Gedulds*probe voran.

3*

Aus dem, was ich darlegte, ergibt sich auch, daß wir den Haß, der zweifelsohne in breiten Bevölkerungsschichten neutraler Staaten gegen uns herrscht, nicht überschätzen dürfen. Er beruhte und beruht, abgesehen von einseitiger Information, ebenfalls im wesentlichen auf unseren Erfolgen. Ständen wir jetzt nicht in Feindesland, sondern Engländer und Franzosen am Rhein, wir hätten sicherlich in Amerika, Italien, Holland und anderswo mehr Freunde, auf die wir allerdings um solchen Preis gern Verzicht leisten. Auch in Deutschland folgte in den Kriegen der letzten Jahrzehnte Volkesstimme und Volkesstimmung oft ähnlichen Instinkten.

Trotz aller angeführten Gründe würde aber Deutschland heute doch nicht das bestgehaßte Volk der Erde sein, wenn nicht die Kontrainstinkte einen Nährboden vorgefunden hätten, auf dem sich ihre Schürung und Entflammung zum Weltbrand besonders leicht vollziehen konnte.

Dieser Boden war die Unwissenheit. Wir würden unserer Aufgabe, die Grundlagen des Deutschenhasses volkspsychologisch zu klären und zu werten, nicht gerecht werden, wenn wir diesem wichtigen Faktor nicht noch einige Worte widmen wollten. Hält ihn der englische Lordkanzler Haldane doch sogar für den wichtigsten. In seiner auch für uns lesenswerten Oxforder Friedensrede [1]), die er am 3. August 1911, also fast genau 3 Jahre vor der englischen Kriegserklärung hielt, bemerkt er:

„Was not tut, ist Heranbildung zu gegenseitigem Verständnis. Mir erscheint in diesem Moment kaum etwas so wünschenswert, als daß England und Deutschland dazu gelangen, einander zu verstehen. Ein solches wechsel-

---

[1]) Vgl. oben S. 19.

seitiges Verständnis ist aber nur durch Studium und Erkenntnis zu erlangen. Dieses Studium läßt, wie ich meine, bei uns mehr zu wünschen übrig als bei den Deutschen. Sie kennen unsere Literatur und Geschichte weit besser als wir die ihrige. Shakespeare und Scott sind ihnen beinahe ebenso vertraut wie uns selber. Auf jeden Briten, der deutsch lesen und sprechen kann, kommen fünf Deutsche, die englisch lesen und sprechen können."

Ist es nicht bezeichnend, daß der englische Minister des Äußeren, eine so ausschlaggebende Persönlichkeit wie Sir Edward Grey, das von ihm so stark befehdete Deutschland niemals aus eigener Anschauung kennen gelernt hat, daß er außer seiner Muttersprache überhaupt keine einzige Sprache versteht?

Ich hörte Grey letztes Jahr in der Londoner Albert-Hall. Er begrüßte uns Ärzte mit der Geste höchsten Selbstgefühls nicht, wie er ausführte, in der Hauptstadt Großbritanniens, sondern in der Metropole des sich über alle Erdteile erstreckenden britischen Weltreichs.

Dabei ist kein großes Kulturvolk trotz scheinbarem Kosmopolitismus so provinzial geblieben wie das englische. Haldane sagt in seinem eben zitierten Vortrag: „Wir Engländer neigen zu einer gewissen Enge des Horizontes. Wir fordern durch unsere offenbare Unkenntnis der vergänglichen Natur nationaler Verhältnisse die Welt heraus."

Beschränktheit geht bei einem Volke mit Überhebung fast immer Hand in Hand. Die Römer hatten für Dummheit und Stolz ein und dasselbe Wort: „Stultitia", und auch Dünkel und dunkel sind eines Ursprungs. Durch diese Begrenztheit des geistigen Blicks wird mehr zersetzende Fremdenverachtung erzeugt als durch Bösartigkeit.

Manches drastische Beispiel könnte ich anführen, welche falsche Vorstellung sich die Engländer trotz ihrer vielen Reisen von den „foreigners" machen. Man hat es dem Engländer im Ausland oft als Zeichen höherer Kultur angerechnet, daß er den Einheimischen viel weniger ausfragt als der deutsche Reisende. In Wirklichkeit geht aber diese vornehme Gleichgültigkeit aus der Selbstgefälligkeit hervor, mit der er jedem Nichtengländer gegenübertritt. Zurückhaltung kann rücksichtsvoll scheinen und rücksichtslos sein. Deutschland und ebenso Österreich sind für die breite Masse jenseits des Kanals ganz nebelhafte Begriffe. Mir erzählte einmal ein Engländer, der nach Deutschland kam, wie ihn seine Gattin immer wieder ermahnt hätte, daß er, wenn er einen Deutschen in seiner Wohnung besuchte, nicht vergessen sollte, einen geladenen Revolver in die Tasche zu stecken.

Wenn die Engländer den Titel des deutschen Kaisers „Oberster Kriegsherr" wörtlich mit „supreme warlord" übersetzten, verstanden sie nie, daß dies nur den obersten Befehlshaber im Kriege bezeichnet, sondern meinten, daß dies ein besonders arroganter Ausdruck sei, der etwas ähnliches, wie „Herr der Heerscharen" besagen solle.

Die Bedeutung solcher festeingewurzelten Sprachirrtümer für den Ruf eines Volkes und einer Persönlichkeit darf nicht unterschätzt werden. Man hat, wenn man in den letzten Jahren die vielen bornierten Ansichten über Deutschland und Deutsche im Auslande las und hörte, oft schwer unterscheiden können, ob mehr Unwissenheit oder Unwahrheit ihr Unwesen trieb.

Hinsichtlich der Unkenntnis über Deutschland steht keiner unserer Feinde dem anderen nach. Von den Russen können

80 Prozent der Bevölkerung überhaupt weder lesen noch schreiben, erblicken aber gerade deshalb in allem, was gedruckt und geschrieben steht, eine Art Heiligtum. Auch bei den Belgiern und Franzosen zählt die Ziffer der Analphabeten noch immer nach Prozenten, während sie in Deutschland weit unter 1 auf 1000 beträgt.

Ist es nun schon für uns Deutsche schwer, einander zu verstehen, die wir doch dieselbe Sprache reden und einander aus eigener Anschauung kennen, um wie viel schwieriger muß es für Völker sein, deren große Menge voneinander nichts oder nur Unrichtiges weiß.

Baß erstaunt war mancher unserer Gegner, wenn er nach der Schlacht den Deutschen persönlich kennen lernte; er hatte ihn sich so ganz anders gedacht. In den Gefangenenlagern und eroberten Ortschaften kann man täglich darüber Bemerkungen hören.

Haben doch viele Deutsche selbst über ihre Landsleute umlernen müssen, als sie bei Kriegsausbruch wahrnahmen, wie alle Kreise, ausnahmslos von gleichem Pflichtgefühl und gleicher Freudigkeit beseelt, ihr Bestes zu opfern bereit waren. Da wurden namentlich jene Pessimisten eines Besseren belehrt, die über den Verfall, die Entartung und Entnervung des deutschen Volkes gezetert hatten, das sie jetzt in so urgesunder Vollkraft, so unübertroffen an körperlicher und geistiger Leistungs- und Widerstandsfähigkeit, an aktivem und passivem Heroismus erblickten.

Sicherlich hat auch Deutschland Fehler und Mängel, sowohl das Volk wie die Regierung; namentlich wäre im Völkerkonzert wohl oft weisere Zurückhaltung am Platze gewesen; aber welche Regierung und welches Volk haben keine oder geringere Fehler aufzuweisen? Das englische, französische und russische gewiß nicht.

Kein Land war dermaßen bemüht, der Gedankenwelt, dem geistigen und künstlerischen Schaffen anderer Länder gerecht zu werden, wie das unserige. Der Ruhm so manches Dichters und Künstlers, der sich jetzt in Feindesland gegen uns ereifert und geifert, ist — made in Germany. Kein Volk aber fand so wenig Verständnis seiner Eigenart, so wenig Gegenliebe, wie das deutsche; keins hat so sehr die tragische Bedeutung der Worte erfahren:

„Es liebt die Welt das Strahlende zu schwärzen
Und das Erhabne in den Staub zu ziehn."

Friedrich Hebbel, der sich, wie Fichte vor und Treitschke nach ihm, ebenfalls in das Problem des Deutschenhasses versenkt hat, der, wie wir sahen, nicht von heute und gestern stammt, behauptet vom Deutschen: „Alle Nationen hassen ihn wie die Bösen den Guten. Wenn es ihnen aber wirklich gelingt, ihn zu verdrängen, wird ein Zustand entstehen, in dem sie ihn wieder mit Nägeln aus dem Grabe kratzen möchten."

Ich komme zum Schlusse meiner Betrachtungen. Fragen wir uns nun, als gewissenhafte Deutsche, die wir dem englischen Wahlspruch: „right or wrong my country" nicht bedingungslos zustimmen können: Hatten die Völker Grund, uns zu hassen und zu bekriegen? so dürfen wir sagen:

Das Deutsche Reich, das unsere Feinde zu bekämpfen glauben, und das Deutsche Reich, das sie tatsächlich bekämpfen, sind zwei grundverschiedene Dinge. Ihre Feindseligkeit richtet sich gegen ein Barbarenvolk, das gar nicht existiert, gegen ein Phantasieprodukt, eine Vision, gegen einen Schemen — und um dieses Phantoms willen blutet Deutschlands und Österreichs Blüte, und wir dürfen es ruhig, ohne uns etwas zu vergeben, sagen, auch die Blüte der französischen, englischen, belgischen und russischen Nation, in Schlachten, deren Höllenschrecken zu schildern die menschliche Sprache zu arm ist [1]).

[1]) Ein prophetischer Dichter hat allerdings in geradezu verblüffender Plastik vor etwa 30 Jahren (1886) ein Bild dieser Schlachten aus seiner Phantasie entworfen. In Zolas Roman „Arbeit" findet sich folgende Beschreibung:

„Ach der letzte Krieg, die letzte Schlacht!" — so erzählt die treue Suzanne Boisglin dem greisen Lucas Froment — „sie waren so entsetzlich, daß die Menschen hierauf für immer ihre Schwerter und Kanonen zerbrochen haben. Es war am Anfang der sozialen Krisen, aus denen die Welt neugestaltet hervorgegangen ist, und ich habe die Schilderung des Grauenhaften von Leuten, die beinahe den Verstand verloren, als sie Zeugen waren des ungeheuren letzten Zusammenstoßes der Nationen. In den gewaltigen Kämpfen, die die Welt schüttelten, als die Gesellschaftsordnung der Zukunft geboren wurde, warf sich eine Hälfte Europas auf die andere, die anderen Kontinente folgten, Kriegsflotten trafen sich auf allen Meeren und kämpften um die Oberherrschaft zu Wasser und zu Lande. Nicht eine Nation konnte abseits bleiben, eine wurde durch die andere hineingezogen, zwei ungeheure Armeen marschierten auf, beide glühend von ererbtem Haß, jede grimmig entschlossen, die andere zu vernichten, als ob auf dem weiten, öden Felde von je zwei Menschen einer zu viel gewesen wäre. Und die beiden ungeheuren Armeen der feindlichen Brüder trafen sich im Zentrum Europas auf einer weiten Ebene, wo Millionen Menschen sich erwürgen konnten. Auf Meilen und Meilen entwickelten sich die Truppen, unabsehbar folgten andere als Verstärkung nach, zwei so gewaltige Menschenströme wälzten sich einander gegenüber, daß die Schlacht einen ganzen Monat dauerte. Immer neue Menschenleiber boten sich jeden Tag den Kugeln und Granaten. Man nahm sich keine Zeit, die Toten fortzuschaffen, sie häuften sich zu hohen Wällen auf, hinter welchen immer wieder andere Regimenter aufmarschierten, um sich töten zu lassen. Die Nacht unterbrach den Kampf nicht, das Morden wurde im Finstern fortgesetzt. So oft die Sonne aufging, schien sie auf vergrößerte Seen von Menschenblut, . . . Gewaltige Kriegsmaschinen hüben und drüben verrichteten ihr furchtbares Werk, ganze Armeen wurden mit einem einzigen Donnerschlage zerschmettert. Die Kämpfenden brauchten einander nicht nahezukommen, sich nicht einmal zu sehen: die Kanonen trugen auf viele Kilometer Entfernung und warfen Geschosse, welche über Hektare von Terrain niedermähend hinsausten. Auch aus den Lüften wurden von Ballons herab Bomben geschleudert und Feuerbrände in die Städte geworfen . . . Das war die letzte Schlacht. Schaudern und Entsetzen machten allen das Leben in den Adern gefrieren am Morgen nach diesem grauenhaften Blutrausch, und die Menschen sahen,

Gleichviel aber, ob unsere Feinde Deutschland als objektiven Begriff oder als subjektive Vorstellung bekämpfen — was wir mit allen Kräften verteidigen, verteidigen wollen und müssen, bleibt das gleiche: Deutschland als Kultureinheit.

Das Vaterland als kulturschaffende Gemeinschaft, als geistiger und wirtschaftlicher Mittelpunkt, als „die starke Wurzel unserer Kraft", als unsere Heimatscholle, als das schöne Land, dessen Luft wir atmen und dessen Bewohner uns teuer sind, dieser Begriff des Vaterlandes hat sich als viel stärkeres Band erwiesen als alles, was sonst die Menschen eint.

Findet sich doch auch auf seiten der Deutschland feindlichen Mächte alles, was sonst Menschen trennt, überbrückt: an einem, nämlich am englischen Strange ziehen der demokratischste und autokratischste Staat Europas; Germanen, Romanen und Slaven bekämpfen uns Schulter an Schulter mit exotischen Fremdrassen aller Farben; Deutschenhaß und Deutschenvernichtung wird von Atheisten und Orthodoxen, von Priestern aller Kulte und Bekenntnisse gepredigt — die Hälfte der Erdbewohner steht gegen uns.

Daß solchem Außendruck und Anprall gegenüber alles, was deutsch fühlt, denkt, spricht und handelt, geschlossen reagiert — ganz abgesehen davon, wie jemand sonst sein Vaterland verbessert sehen möchte, ganz unabhängig von Zukunftswünschen und Zukunftsgedanken zur Friedenszeit — ist nur natürlich.

---

daß der Krieg fortan unmöglich war, angesichts der Allmacht der Wissenschaft, die dazu bestimmt war, das Leben zu fördern und nicht den Tod."

Von einer *Gesamtseele* erfüllt, wuchsen Millionen und Abermillionen Deutsche zu einem einheitlichen *Organismus höherer Ordnung* empor, und alle durchdrang in geweihter Stunde der Sinn der Schillerworte:

„Was ist unschuldig, heilig, menschlich gut,
Wenn es der Kampf nicht ist ums Vaterland?"

Deutsche Kriegsschriften

8. Heft

Kriegsbriefe einer Frau

Von

L. Nießen-Deiters

in Bonn

Preis 1 Mark

Ein herrliches Bekenntnis zum Deutschtum und eine flammende Anklage gegen England sind die „Kriegsbriefe" der rühmlichst bekannten Verfasserin, einer der besten Kennerinnen auch des überseeischen Auslandes aus eigener Anschauung. Hinzu kommt, daß hier eine deutsche Frau englischer Abstammung das Wort nimmt, um in prachtvoller Sprache und mit überzeugenden Gründen gegen Englands Verrat und Tücke Stellung zu nehmen. Frau Nießen-Deiters ist eine der Führenden in der Abwehr des englischen Lügenfeldzuges; ihre Flugblätter und Flugschriften sind in neun Sprachen in Millionen von Exemplaren verbreitet worden. So wird auch diese Gabe von Heer und Volk, von In- und Ausland freudig begrüßt werden.

Die Kölnische Zeitung schreibt u. a.: Diese Kriegsbriefe einer Frau werden, auch wenn einst die Stürme der Gegenwart längst vorüber sind, ein wertvolles Zeugnis der ernsten, großen Zeit sein, die wir jetzt erleben, ja sie dürften wohl mit der Schriftstellerin Leonore Nießen-Deiters in den Darstellungen der Geschichte der deutschen Kultur und Literatur weiterleben. Aber um solchen Ruhmes willen sind sie gewiß nicht entstanden. Sie sollen heute hinaus in unser deutsches Volk, zu unseren ausharrenden Helden im Felde und hinaus in alle Welt, auch zu Neutralen und Feinden und laut verkünden: so denken und empfinden unsere deutschen Frauen! Auch sie halten tapfere, treue Wacht an den alten Heiligtümern und der neu heranwachsenden Zukunft unseres Volkes!

A. Marcus & E. Webers Verlag (Dr. jur. Albert Ahn) in Bonn

Deutsche Kriegsschriften

9. Heft

Deutschland und Frankreich

Von

Dr. Walter Platzhoff

Privatdozenten an der Universität Bonn

Preis 60 Pf.

Die Schrift legt den Gegensatz dar zwischen Deutschland und Frankreich, der in seiner Entstehung so alt ist, wie die beiden Staaten selbst, besonders in seiner Entwickelung seit 1870. Die Wiedereroberung des Elsasses, dessen Besitz Frankreich unter Ludwig XIV. die Hegemonie in Europa gesichert hatte, hat Frankreich den Verlust seiner Vormacht-Stellung gebracht. Beides wiederzugewinnen war das Ziel der Revanche-Politik. Obwohl die Geschicklichkeit der französischen Diplomatie zu dem Bündnis mit Rußland und der Entente mit England führte, hat sie diesen Erfolg mit der steigenden Abhängigkeit von ihren Verbündeten bezahlen müssen. Die Vorgeschichte des jetzigen Krieges und sein bisheriger Verlauf zeigen dies, denn mehr und mehr erscheint Frankreich auf seinem eigenen Boden als ein Trabant Englands.

---

10. Heft

Volk oder Staat?

Von

Heinz Potthoff

in Düsseldorf

Preis 1 Mark

Weder Gedanken-Arbeit noch Interessenverknüpfung haben den großen Krieg verhindern können. Der Weltkrieg von heute ist nicht in der Hauptsache aus dem Gegensatze der Rassen entstanden, sondern aus demjenigen politischer und wirtschaftlicher Interessen zwischen den Staaten. Die Arbeit erörtert weiter die Maßnahmen, die einer künftigen Wiederholung der Schrecken von 1914 entgegenwirken können, schließt aber auch im Hinblick auf die Zukunft mit dem Ruf „Bereitsein ist alles“.

A. Marcus & E. Webers Verlag (Dr. jur. Albert Ahn) in Bonn

Deutsche Kriegsschriften

11. Heft

Zur Charakterisierung der Engländer

Von

Arnold Schröer

ord. Professor an der Handels-Hochschule in Köln

Preis 1 M. 40 Pf.

Einer der besten Kenner Englands, der Anglist Professor Schröer in Köln, hat seit Kriegsbeginn eine Reihe von Aufsätzen geschrieben, die in gedanklichem Zusammenhang eine feine Charakterisierung der Engländer geben. Er gewinnt den vielen Fragen, die uns nach dem Eingreifen Englands bewegt haben, durch Vertiefung der Betrachtung neue Seiten ab, die uns einen Einblick in die Seele des Engländers gewähren; mag es sich nun um Militarismus, Wissenschaft und Disziplin, Egoismus, Religiosität oder völkische Fragen handeln. Es ist sicher, daß Schröers Aufsätze, von einer meisterhaften Kennerschaft getragen, in der ersten Reihe der Veröffentlichungen über die Englandfrage stehen.

---

12. Heft

Erziehung zu sozialer Kultur

Von

Heinz Potthoff

in Düsseldorf

Preis 1 M. 80 Pf.

Ein Armutszeugnis unseres Willens ist es, daß so viele notwendige und segensreiche Kulturtaten erst durch den Krieg veranlaßt werden. Eine soziale Tat im höchsten Sinne ist es, wenn die Hunderttausende Gesundheit und Leben wagen, „damit unsere Kinder es gut haben“.

Ferner lehrt der Verfasser: Eine Volksgemeinschaft, die wie unser Deutsches Reich den Einsatz des letzten Bürgers für ihre Erhaltung fordert, darf auch im Frieden kein anderes Ziel kennen als soziale Kultur; daß heißt: das größte Glück der größten Zahl, beruhend auf der höchsten Leistung aller!

A. Marcus & E. Webers Verlag (Dr. jur. Albert Ahn) in Bonn

Druck: Otto Wigand'sche Buchdruckerei G. m. b. H., Leipzig

FSC
www.fsc.org
MIX
Papier | Fördert gute Waldnutzung
FSC® C083411

Kolibri 360 GmbH
Ferdinand-Jühlke-Straße 7
99095 Erfurt, Deutschland
produktsicherheit@kolibri360.de